Guillermo Rivas

Mes premiers pas au TENNIS

MILAN

1

Tes débuts

Te voici à l'école de tennis
où tu vas découvrir qu'on peut apprendre
en s'amusant et qu'un court de tennis
n'est pas si grand que ça.

Tes débuts au tennis

Comme la bicyclette ou le rollerblade, le tennis s'apprend. Le pratiquer ne se résume pas à s'échanger des balles à l'aide de raquettes. Jouer, c'est d'abord maîtriser un grand nombre de gestes et de mouvements. C'est à l'école de tennis que tu vas les apprendre, mais tu pourras aussi t'amuser avec tes copains dans une cour ou sur une place.

Dès 5 ans, tu peux effectuer tes premiers pas au tennis.

Trois temps d'apprentissage

L'apprentissage du tennis s'effectue en trois temps : le minitennis, l'initiation et le perfectionnement, chaque période étant elle-même divisée en trois périodes.

▲ Le minitennis constitue l'étape préparatoire à l'initiation proprement dite. À l'issue de cette étape, tu dois être capable de disputer un match sur un miniterrain (12 m x 6 m).

Tu peux alors faire ton entrée sur le court des grands. La phase d'initiation dure une ou deux années, suivant ton rythme de progression.

Reste alors à te perfectionner pour devenir un vrai joueur. ▶

La tenue

Si tu dois être à l'aise pour pratiquer le minitennis, il n'est pas nécessaire de demander à tes parents de t'acheter une tenue de champion.
Il te faut :

un tee-shirt
ou un polo
à manches
courtes

un short,
un bermuda
ou une jupe

une paire de
chaussettes
de sport

une paire
de tennis

- un sweat-shirt
  (en mi-saison)
- un jogging ou
  un survêtement
  (pour l'hiver)
- une casquette
  (pour te protéger
  du soleil)
- une petite
  serviette-éponge
  (pour essuyer
  la transpiration)

Le matériel

À chacun ses sensations, à chacun son matériel. Il évolue en même temps que ta morphologie et le niveau de ton tennis.

Les raquettes s'allongent, les balles deviennent plus dures et le filet monte !

Une grande raquette pour un petit bras

Il est interdit d'abaisser le filet

Âge	Balles	Raquette	Filet
5-6 ans	En mousse, puis souples	Palette pleine, puis raquette 43 cm / 50 cm	Banc, élastique, puis filet 65 cm
7-8 ans	Intermédiaires ou normales	Longueur totale : 54,5 cm	Filet hauteur intermédiaire
9 ans	Intermédiaires ou normales	59 cm	Filet hauteur intermédiaire
10 ans et +	Normales	67,5 cm, homologuée	Hauteur normale : 91,4 cm
Adultes	Normales, homologuées	68 cm / 73,66 cm	91,4 cm

Le kit pédagogique

La Fédération française de tennis (FFT) a créé un "espace minitennis" adapté aux débutants. Un kit pédagogique permet d'organiser sur le court plusieurs ateliers en fonction des besoins.
Ce kit comprend : des raquettes en plastique, des raquettes "minikids" cordées, des balles en mousse, des balles de minitennis, des minifilets, des cordes élastiques, des *pom'dos* (gant rigide), des plots, des jalons, des seaux, des cerceaux, des socles, des ballons de paille, des ballons de minihand, des ballons de baudruche, un ballon d'initiation, des crosses de hockey et des Frisbee.

Le minitennis : présentation

C'est l'école du tennis. Avec des jeux et des exercices variés, tu vas découvrir ton sport préféré. À 5 ou 6 ans, tu es encore un peu jeune pour apprendre la technique du tennis ; en revanche, c'est l'âge idéal pour développer ta mobilité et ton habileté, qui seront plus tard des atouts précieux sur le court.

Le principe du minitennis

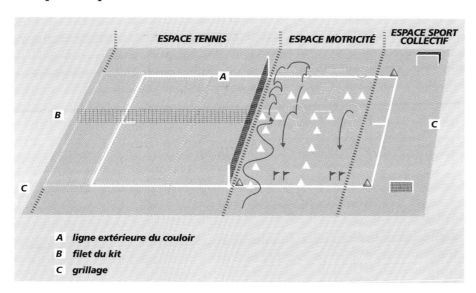

ESPACE TENNIS   ESPACE MOTRICITÉ   ESPACE SPORT COLLECTIF

A
B
C
C

A **ligne extérieure du couloir**
B **filet du kit**
C **grillage**

Le court est divisé en trois ateliers : le premier est consacré au tennis, le deuxième à l'organisation de jeux visant à améliorer ta motricité, et le troisième à la pratique d'activités sportives différentes (hockey, minifoot...).

En fonction de ton âge et de tes aptitudes, tu participes à des exercices et des jeux plus ou moins compliqués, avec un matériel en constante évolution (raquette plus grande, balles plus dures, filet plus haut...).
À 5 ou 6 ans, une heure de jeu suffit, mais si tu ne te sens pas fatigué et que tu as envie de continuer, surtout ne t'en prive pas. Ce qui compte avant tout, c'est que tu t'amuses, que tu prennes du plaisir.

Le(s) terrain(s)

Le court de minitennis ▶

C'est un court de tennis classique divisé en six minicourts de 12 x 6 m. On tend une corde élastique d'un bout à l'autre du court (dans le sens de la longueur) et on joue dans le sens de la largeur. Six parties de simple (à un contre un) peuvent donc se dérouler simultanément.

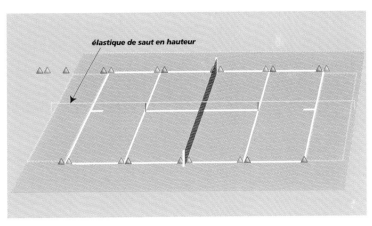

élastique de saut en hauteur

▶ ## Le court de 18 mètres

Il convient particulièrement aux enfants qui commencent à bien maîtriser la balle. Comme les grands, tu utilises le court de tennis dans le sens de la longueur mais sur un espace réduit. Tu as deux possibilités :
– jouer dans l'espace 1 à un contre un (encadré en vert) ;
– jouer dans l'espace 2 (encadré en violet), ce qui permet d'organiser deux parties à la fois.

Le minitennis où tu veux quand tu veux

Un des intérêts du minitennis est qu'il peut se pratiquer n'importe où : à l'école mais également dans un jardin, sur une terrasse, voire sur un parking ou dans la rue pourvu que l'endroit soit vraiment tranquille.
Pour tracer les lignes du court, utilise de la ficelle ou du ruban adhésif blanc ; pour le filet, un bout d'un vieux filet de pêche de ton

grand-père fera très bien l'affaire. Si le sol est trop dur, tu le fixeras à deux manches à balai plantés dans des seaux remplis de sable. Reste à te munir d'une petite raquette (50 cm) légère, avec un manche te permettant toutefois de le prendre à deux mains, et de balles de minitennis (molles).
Le match peut débuter !

Le minitennis - 1re période

Dans un premier temps, tu vas te familiariser avec le matériel en l'utilisant dans des exercices variés. Tu apprends à évoluer en groupe, à faire ce qui t'est demandé. Progressivement, tu t'intègres dans ton club.

● Sans raquette

Tu dois envoyer des balles le plus loin possible dans une direction précise. Ta main va chercher son élan derrière ton épaule. Par exemple, tu peux te positionner sur la ligne de fond de court et essayer d'envoyer la balle par-dessus le filet, ou encore viser un cerceau à plusieurs mètres de distance.

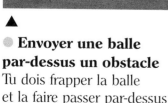

● Envoyer une balle par-dessus un obstacle

Tu dois frapper la balle et la faire passer par-dessus un obstacle haut d'environ 50 cm (filet, corde élastique, banc).

● Renvoyer une balle

On t'envoie une balle facile par-dessus un obstacle et tu dois la renvoyer par-dessus celui-ci. L'exercice peut s'effectuer avec ou sans rebond. Regarde bien la trajectoire de la balle en ne la quittant pas des yeux, puis essaie de la frapper avec la raquette au bon moment.

● Frapper des balles au-dessus de la tête

Bras tendu avec la raquette qui pointe vers
le haut, tu lances de l'autre main une balle de
façon qu'elle rencontre la raquette. Puis,
petit à petit, tu essaies de frapper la balle pour
l'envoyer devant toi. Peu à peu, tu essaies
d'armer ta raquette derrière ton dos pour
frapper plus fort. ▶

Les objectifs de la 1ʳᵉ période

◀● Savoir tenir la raquette pour envoyer
la balle à gauche ou à droite.
Apprendre à présenter la raquette droite
au moment de l'impact avec la balle.

● Bien présenter la balle pour le service.
Apprendre à lancer la balle devant
soi, au-dessus de la tête, pour
la frapper correctement.

● Être capable de passer d'appuis instables à
des appuis stables. Pouvoir envoyer la balle de plus
en plus loin sans perdre l'équilibre. ▲

● Avoir la notion du partenaire et de l'adversaire :
– on échange des balles avec un partenaire ;
– on essaie de marquer des points pour gagner face à
un adversaire.

15

Le minitennis - 2ᵉ période

Au bout de quelques semaines ou quelques mois de pratique, tu as fait de gros progrès ; tu peux désormais passer à des exercices plus difficiles.

● Envoyer une balle par-dessus le filet avec un objectif ▲

Tu dois frapper la balle de manière qu'elle franchisse le filet et finisse sa course dans une zone délimitée.

● Renvoyer en coup droit ou en revers afin que la balle suive différentes trajectoires

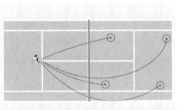

Tu apprends à faire des balles hautes, des basses, des longues, des courtes...

● Servir en position rapprochée

Tu commences à mettre la balle en jeu, dans un premier temps sans trop t'éloigner du filet afin d'assurer ton service.

Les objectifs de la 2ᵉ période

● Adopter une attitude d'attention active et permanente ▶

Apprendre à fixer son attention sur le jeu pour être prêt à réagir à toute situation.

● Commencer à orienter les épaules

Apprendre à se présenter avec les épaules plus ou moins de profil par rapport à la balle à recevoir.

1 Pour préparer la frappe en coup droit, ta raquette vient toucher le piquet jaune. ▶

2 Pour préparer la frappe en revers à une ou deux mains, tu peux tenir ta raquette à deux mains. Tu tournes au maximum tes épaules et tes jambes plus ou moins de profil par rapport à la balle. ▶

● Rechercher l'équilibre

Lors de la frappe en coup droit, en revers ou au service, trouve petit à petit la bonne position, notamment au niveau des jambes, en contrôlant ton équilibre.

Le minitennis - 3ᵉ période

Ce sont les dernières séances avant l'initiation proprement dite :
ta technique est meilleure, tu commences réellement à jouer.

● Faire des échanges avec un partenaire ▲
L'intérêt est de maintenir la balle en jeu le plus longtemps
possible, ce qui n'interdit nullement, bien au contraire, de
faire bouger son partenaire.

● Jouer des points avec un adversaire
Toujours le principe de l'échange mais avec l'objectif
de gagner le point. Bien sûr, tous les gestes sont permis... et
même conseillés pour renvoyer la balle avec ta raquette.

▲
● Servir
Chaque échange doit être
précédé d'un vrai service.

Les objectifs de la 3ᵉ période

◄ ### ● Accompagner la balle frappée
La frappe effectuée, ton mouvement se poursuit en
accompagnant le plus longtemps possible celui de
la balle.

● Frapper en avançant
Ne plus attendre que la balle arrive mais aller à
sa rencontre.

● Savoir enchaîner les coups
Être capable de répéter plusieurs fois un coup droit, d'alterner coups droits et revers,
de donner à la balle différentes trajectoires... bref, être capable de disputer un match
de minitennis.

2

L'initiation

Voici venu le temps de l'apprentissage
de la technique : coup droit, volée, service... Autant
de gestes qu'il faut parfaitement maîtriser
pour bien jouer au tennis.

L'initiation – 1re période

Prolongement naturel du minitennis, l'initiation, généralement effectuée à l'âge de 7-8 ans, dure une ou deux années et se divise en trois périodes. En fin d'initiation, si tu as progressé normalement, tu dois être capable :
– de jouer sur un terrain intermédiaire ou normal sans assistance ;
– de jouer des points en ayant connaissance des règles ;
– de disputer des matches.

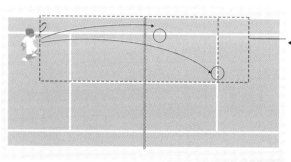

Le jeu

Sur un demi-terrain incluant le couloir de double, avec des balles de minitennis ou intermédiaires, tu réalises des échanges en coup droit et/ou en revers, avec des objectifs tactiques : soit tu facilites l'échange en jouant sur ton partenaire, soit tu essaies de le tromper et de marquer le point.

La position d'attention

Avant et pendant l'échange, tu dois toujours veiller à maintenir ta position d'attention entre les frappes.
Jambes écartées de la largeur de tes épaules et semi-fléchies, bras relâchés, le poids du corps est porté vers l'avant, la raquette est légèrement en avant, tu ne perds pas la balle des yeux : tu es prêt à démarrer et à jouer un coup droit ou un revers.

Si tu es droitier, ta main droite tient le manche et ta main gauche soutient le cœur de la raquette.

La mise en jeu

*1 Tu mets en jeu,
le corps placé de profil.*

*2 Tu laisses tomber la balle et tu la frappes
en avançant après le rebond ou,
mieux encore, tu peux la frapper sans rebond.*

Le coup droit

Ton regard ne quitte jamais la balle.

*1 Tu commences ton geste
de profil, tes épaules étant
perpendiculaires au filet.*

*2 Tu frappes la balle en
avançant. Le poids de ton
corps se transfère de la jambe
arrière sur la jambe avant.*

*3 Tu termines ton geste
en accompagnant la balle
après la frappe.*

● La prise de raquette

méplat

chanfrein

tranchant

C'est une prise semi-
fermée. Le V de la main
se positionne sur la partie
supérieure droite (le
chanfrein) du manche.

Le revers

Comme pour le coup droit, tu ne quittes pas la balle des yeux.

1 *Tu commences aussi ton geste en plaçant tes épaules perpendiculairement au filet. Tu dois t'aider de ta main gauche pour tirer ta raquette en arrière.*

2 *Tu frappes la balle devant ta hanche droite. Le poids de ton corps se transfère de la jambe arrière, la gauche, vers la jambe avant, la droite.*

3 *Tu termines ton geste en accompagnant la balle. Ta raquette finit sa course sur ta droite.*

La prise de raquette

Le V de la main se positionne sur le tranchant (le haut du manche). Tu tiens ta raquette comme tu tiendrais un marteau pour enfoncer un clou. Cette prise s'appelle d'ailleurs la prise marteau.

La volée

La volée est la frappe de la balle avant le rebond.

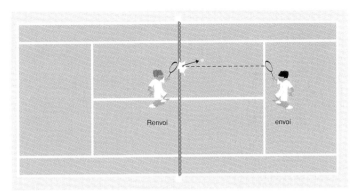

Placé près du filet, tu renvoies des balles faciles. ▲

1 Là encore, tu dois veiller à ton ▲
attitude d'attention. Tu restes bien
concentré : tu dois être disponible
pour réagir le plus tôt et le plus vite
possible.

2 La préparation ▲
est brève.

3 Tu frappes la balle en avant. ▲
Ton poignet est solide.
L'accompagnement est bref lui aussi.

Tu peux aussi, si la balle arrive sur ta gauche, ▲
effectuer une volée de revers.

Le service

Comme tu le sais, c'est la mise en jeu.

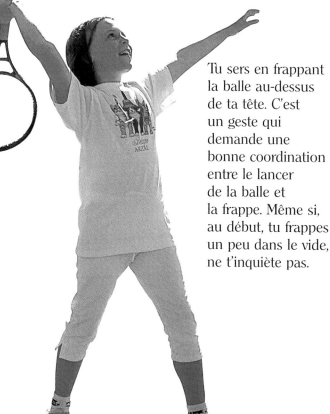

Tu sers en frappant la balle au-dessus de ta tête. C'est un geste qui demande une bonne coordination entre le lancer de la balle et la frappe. Même si, au début, tu frappes un peu dans le vide, ne t'inquiète pas.

1 Tu lances la balle haut avec ta main gauche.
2 Ton bras gauche suit la balle.
3 Tu regardes toujours la balle.
4 Tu frappes la balle au-dessus de ta tête.
5 Tes jambes sont souples et ne bougent pas avant la frappe.

Exercice récapitulatif

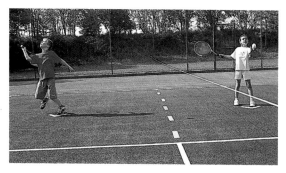

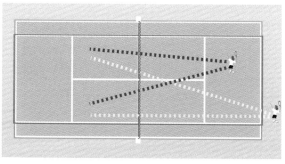

Pour bien maîtriser tous les gestes, joue avec tes amis, à un contre un dans les limites du terrain bleu ou à deux contre deux dans les limites du terrain vert. Et n'oublie pas que, selon les règles, un service doit être réalisé en diagonale : la balle doit franchir le filet et toucher le sol dans le carré de service opposé. Mais tu peux effectuer des services dans le carré en face de toi, pour t'entraîner.

L'initiation – 2ᵉ période

Le jeu

Sur le terrain intermédiaire, avec des balles intermédiaires, tu commences à te fixer des objectifs tactiques.
Tu joues avec ton partenaire dans sa partie de terrain (A), puis tu joues dans une zone (B) où il ne peut pas renvoyer la balle.
Tu as des intentions de jeu.

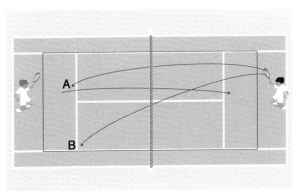

En fond de court

Tu dois maintenant bien apprécier la trajectoire de la balle, savoir maintenir l'échange et contrôler ta frappe.
Tu vas constater que la réussite d'un coup est conditionnée par ta capacité à bien te déplacer et à bien te placer.

◀ ● **Déplacement**
Tu réagis au plus vite et tu cours en tenant ta raquette de façon qu'elle ne te gêne pas.

● **Placement** ▶
Tu ralentis ta course pour te placer. Tes appuis au sol sont équilibrés, tes jambes souples, tes épaules de profil par rapport à la balle que tu ne perds pas de vue.

◀ ● **Préparation**
Tu prépares ta frappe, tête de raquette en arrière pour frapper la balle au niveau de ton buste. Et la frappe exécutée, tu te replaces vite en attitude d'attention en faisant des petits pas chassés.

À la volée

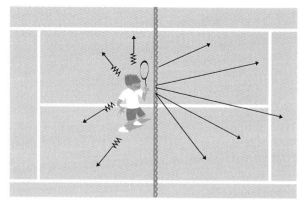

Tu vas désormais te placer plus ou moins près du filet, chercher à renvoyer des balles plus ou moins faciles, sur une partie de terrain adverse plus ou moins grande. Tu vas alterner volées droites et volées croisées.

Ton attitude d'attention ▶
se précise. Jambes fléchies, talons décollés du sol, raquette placée en avant, tu es dynamique, prêt à démarrer.

En volée de coup droit, comme en volée ▲
de revers, le tamis de ta raquette doit être présenté face à la balle et la frappe s'effectue vers l'avant. Tes jambes sont alors en mouvement.

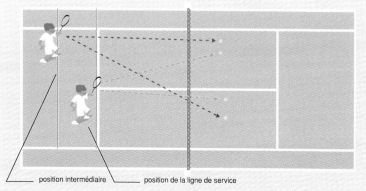

position intermédiaire   position de la ligne de service

◀ Au service

Tu t'exerces maintenant à servir depuis la ligne de service ou d'une position intermédiaire (entre la ligne de service et la ligne de fond de court). Tu alternes services droits et croisés (en diagonale), la balle devant toujours atterrir dans le carré de service.

● **Décomposition du mouvement de service**

1 Assure ta position de départ, tiens bien le manche et présente la balle avec la main gauche contre le tamis.

2 Tu descends lentement les bras simultanément.

3 Tu sépares les bras pour lancer la balle, tu fais encore descendre ta raquette pour amorcer la frappe.
Tu découvres la boucle et le contrôle de l'équilibre lors du lancer et de la frappe.

4 Tu lances la balle haut, ton bras suit la balle, l'autre se plie et positionne la raquette derrière ton dos. Tu vas ensuite venir frapper la balle au-dessus de ta tête.

Compter les points

Tu commences à disputer des petits matches, il te faut donc savoir compter les points. Au tennis, c'est un peu compliqué, car on ne compte pas de 1 en 1.

Le décompte, par point gagné, s'effectue ainsi : 15, 30, 40, jeu. En cas d'égalité, on ne dit pas 15-15 ou 30-30 mais 15 A, 30 A... À 40 A, il faut prendre l'avantage, puis marquer un nouveau point pour remporter le jeu.

Le premier joueur ayant obtenu 6 jeux (avec 2 jeux d'avance) gagne un set.

En cas d'égalité à 6 jeux partout, on dispute le jeu décisif, celui qui est remporté par le premier joueur qui atteint 7 points (toujours avec 2 points d'avance).

Mais, pour l'instant, avec tes copains, contentez-vous d'organiser des rencontres en 3 jeux.

L'initiation – 3ᵉ période

Le jeu ▶

À présent, sur le terrain intermédiaire ou le court normal, avec des balles intermédiaires, tu joues des points que tu cherches à remporter, bien sûr. Comment ?

– en utilisant ton meilleur coup (tu vas alors essayer de te placer au mieux pour le réussir) ;

– en jouant sur le point faible de ton adversaire ;

– en plaçant la balle hors de sa portée.

En fond de court

◀ Tu dois à présent savoir :

– renvoyer la balle après un déplacement vers l'avant ou latéral (sur le côté) ;

– enchaîner plusieurs coups différents ;

– frapper la balle avec régularité ;

– lire la trajectoire de la balle ;

– défendre ton terrain.

1 Tu frappes en coup droit une balle très longue (en vert).

2 Tu joues une balle sur son coup droit (tu as remarqué que c'est le point faible de ce gaucher) et courte (tu as remarqué qu'il ne se déplace pas assez vite vers l'avant). C'est une double intention tactique (en rouge).

3 Tu joues là où ton adversaire n'est pas : tu le fais courir à gauche, puis tu envoies la balle à droite (en violet).

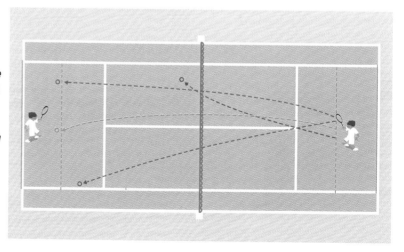

● **Tu cherches à accélérer ta frappe**

1 Sur de bons appuis et en fixant la balle, tu prépares ta frappe.

2 La frappe commence en arrière du corps. Le talon côté raquette décolle du sol.

3 Après l'impact de la balle (devant toi), ton bassin pivote (vers la gauche si tu es droitier), ta raquette termine sa course derrière toi (après une rotation totale) et ton autre bras vient la soutenir.

Revers à une ou deux mains, il faut choisir...

Un joueur de tennis utilise l'un ou l'autre. Une période d'essai est bien sûr nécessaire avant de choisir la prise qui convient le mieux à ton jeu (avec les conseils de ton professeur).

Le revers à deux mains

Ta main directrice (la droite si tu es droitier) se positionne sur le manche comme pour un revers à une main. L'autre main, la gauche, se positionne juste au-dessus, bien collée, en prise de coup droit.

À la volée

Tu couvres le filet.

Près du filet, tu te déplaces latéralement, tu fais opposition avec une préparation courte.

Tu joues droit ou croisé. Pour une volée de revers, tu peux essayer de changer de prise.

L'utilisation de cibles (plots, soucoupes, cerceaux ou lignes amovibles) est conseillée.

En les visant, tu travailles ta précision et ta régularité.

Ton déplacement est latéral, ta préparation est courte avec extension du bras.

En fin de geste, tu gardes le contrôle de ta raquette et de tes appuis.

Tes yeux ne lâchent pas la balle. La prise de revers assurée, tu prépares ta volée décisive en avançant sur la balle.

Le smash

C'est un coup frappé avec force à la volée, au-dessus de la tête. Tu fouettes littéralement la balle. Le mouvement est proche de celui du service. Là aussi, la balle est haute, à la différence qu'elle est envoyée par l'adversaire dans le but de lober (passer par-dessus) le joueur qui se trouve au filet.

◄ *1 D'une position de départ, proche du filet, tu te déplaces en arrière et tu te places de profil.*

2 Tu prépares ta frappe, ton bras gauche (droit si tu es gaucher) pointant vers la balle. ►

◄ *3 Bien équilibré, les jambes semi-fléchies, les yeux fixés sur la balle, tu peux alors exécuter ton smash.*

► *4 Après la frappe, ton bras droit accompagne la balle, ton bras gauche est croisé devant ta poitrine. Tu retrouves rapidement tes appuis pour parer au retour de la balle si le coup n'est pas gagnant.*

3

Le perfectionnement

Tu as acquis certaines bases techniques
et tactiques, il s'agit maintenant de les renforcer.
Le perfectionnement est l'étape
qui va faire de toi un vrai joueur.

Le matériel

Tes objectifs sont désormais clairs : faire mieux que les autres et, si possible, devenir plus fort. Tu disputes maintenant des matches sur le court normal, tu préfères les balles dures et tu maîtrises les règles et le comptage des points.

La raquette

Tu adaptes régulièrement la taille de raquette que tu dois utiliser à ta morphologie.

Si tu mesures 1,50 m, tu ne vas pas utiliser la même raquette que ton amie qui mesure 1,30 m.

La grosseur du manche est très importante.

Il doit être adapté à la taille de tes mains. Autrefois, le cordage était réalisé avec des boyaux de mouton ou de bœuf. Aujourd'hui, on utilise des cordes synthétiques. Les cadres ne sont plus en bois et le métal a été remplacé par la fibre de verre ou le graphite de carbone, et dernièrement par le Kevlar et le titanium...

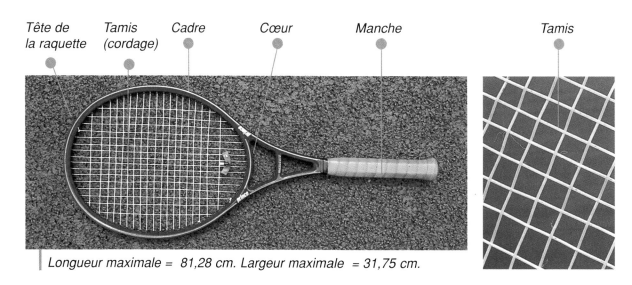

Tête de la raquette   Tamis (cordage)   Cadre   Cœur   Manche   Tamis

Longueur maximale = 81,28 cm. Largeur maximale = 31,75 cm.

La balle

8 ans : intermédiaire (semi-dure).
9 ans : balle intermédiaire, puis balle
de compétition.
10 ans : balle de compétition (dure).
Une balle de compétition est constituée
de languettes de caoutchouc recouvertes
de feutre ou de Nylon.
Son diamètre varie entre 6,35 et 6,67 cm
et son poids est compris entre 56,7 et 58,5 g.
Elle doit rebondir entre 1,346 et 1,473 m
quand elle tombe sur du béton d'une hauteur
de 2,54 m.

Le court

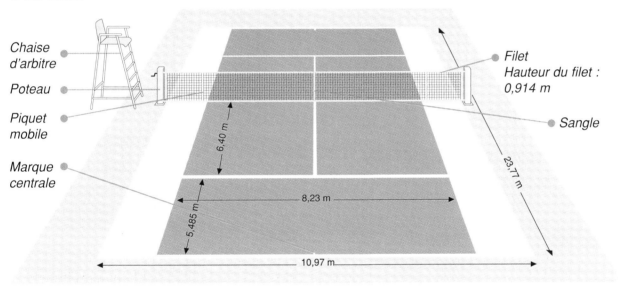

Chaise d'arbitre

Poteau

Piquet mobile

Marque centrale

Filet
Hauteur du filet : 0,914 m

Sangle

6,40 m

23,77 m

8,23 m

5,485 m

10,97 m

Les dimensions peuvent te paraître compliquées, mais elles sont le résultat de la conversion des mesures anglaises *feet* et *inches*.
En simple, on joue dans la zone rouge et en double dans les zones rouge et jaune.

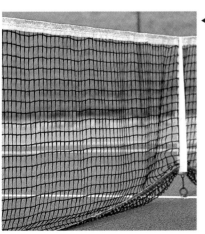

◀ Le filet a des mailles
suffisamment petites pour
empêcher la balle
de passer.
On enlève les petits piquets
mobiles lors des matches
de double.
La sangle donne de
la rigidité au filet.

Les surfaces

Sais-tu que le tennis a
commencé par être pratiqué
sur des plages à marée basse ?
Désormais, on joue sur terre
battue (le terrain le plus
lent), sur gazon (le terrain
le plus rapide), sur parquet,
sur béton poreux et même
sur moquette !

Améliorer son jeu

S'adapter aux balles dures

Au début, tu es surpris par la vitesse de la balle dure.

Avec un peu d'entraînement, tu arrives à mieux te placer. Tu frappes devant toi et tu accompagnes la balle avec ta raquette pour terminer impeccablement ton revers.

Tu travailles également ton lift. La balle doit passer au-dessus de la corde.

Tu t'exerces aussi à allonger tes balles pour qu'elles atterrissent le plus près possible de la ligne de fond de court.

Le fond de court

Tu travailles essentiellement la régularité et tu cherches à améliorer ton coup droit et ton revers en développant ton meilleur coup pour l'exploiter dans le jeu.

Coup droit

Revers

Tu t'efforces d'acquérir un meilleur rythme dans tes déplacements et replacements, et ton jeu de jambes favorise la frappe en avançant.

Le lift

1 Après un grand déplacement latéral, tu te replaces en fond de court avec un jeu de jambes dynamique ; tu as préparé ta raquette au niveau de la balle descendante.

2 Puis tu frappes en avançant. Cette mise à niveau suivie d'une frappe de bas en haut te permet de "lifter" la balle. Celle-ci tourne alors sur elle-même.

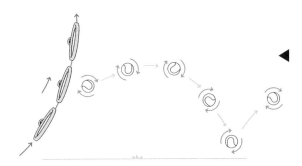

◄ Le lift a pour effet de sécuriser ton coup en permettant à la balle de passer le filet et de retomber avant la ligne de fond de court. Cela te laisse aussi plus de temps pour te replacer après la frappe.

Le lob

Effectuer un lob, c'est chercher un coup ►
gagnant en donnant une trajectoire haute et
arrondie à la balle qui passe au-dessus et hors
de portée de ton adversaire.
Ta mise à niveau est basse et tu effectues un
coup lifté de bas en haut.
Ton accompagnement vers le haut est
important.

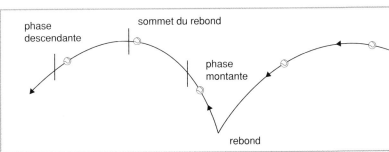

Le bon choix

Selon le coup à jouer,
tu frappes la balle dans
sa phase montante,
au sommet du rebond ou
dans sa phase descendante.

Le service en extension

1 Tu cherches à améliorer ton service. Tu dois d'abord adopter une bonne position de départ.

2 La qualité de ton lancer de balle est primordiale. Un mauvais lancer, c'est presque toujours un mauvais service.

3 Tu réalises bien la boucle et tu frappes la balle haut.

4 Tu pousses fort sur tes jambes et tu frappes la balle les pieds décollés du sol, tout en gardant un bon équilibre. Ton corps se tend comme un ressort, Tu transfères le poids de ton corps vers l'avant.

Les services à effet

Tu vas peu à peu effectuer des services à effet. Tu adoptes la prise marteau et tout dépend de ton lancer de balle.

● **Service slicé** (A sur la photo)
Tu lances la balle vers la droite et tu exerces un effet latéral en la frappant de droite à gauche par une rotation du poignet dans le même sens.

● **Service lifté** (B sur la photo)
Tu lances la balle sur la gauche et légèrement en arrière, ton corps se cambre. La raquette frappe la balle du bas vers le haut.

Le retour de service

Même si tu ne tentes pas forcément tout de suite le coup gagnant – tu risques de commettre une faute directe –, et que tu te contentes de renvoyer la balle tout simplement, tu dois rester bien concentré et surveiller les gestes de ton adversaire.

Tu te places sur la ligne de fond de court, derrière ou devant, en fonction de la force du service de ton adversaire. Ta position d'attention doit être très dynamique pour anticiper au maximum.

En revers, tu effectues un retour en adressant une balle longue et rapide, puis tu te replaces au centre du court.

En coup droit, si le service est faible, tu peux chercher le coup gagnant.
Tu peux aussi monter au filet sur un bon retour. Attention cependant aux fautes directes.

La volée

Tu frappes toujours en avançant, et tu cherches le coup gagnant en frappes croisées ou droites. Tu peux t'entraîner à améliorer ta précision en plaçant des cibles sur le court.

◀ Tu essaies de "couvrir" l'ensemble du filet. Tu dois pouvoir jouer à droite comme à gauche et te replacer au centre. Tu changes ta prise selon que la balle se présente sur ton revers ou ton coup droit et tu dois pouvoir juger de l'opportunité de jouer une volée de préparation – qui te met en bonne disposition pour marquer le point le coup suivant – ou une volée gagnante.

Volée basse

Volée haute

À la fin de la 3ᵉ période du perfectionnement, tu dois être capable de réaliser toutes sortes de volées : hautes, basses, loin ou près de toi.

L'amorti

C'est un coup où le joueur cherche à faire rebondir la balle juste derrière le filet pour surprendre l'adversaire.

◀ Ta préparation est courte et ta frappe est un coup droit ou un revers coupé de haut en bas. Tu contrôles parfaitement ton geste et il n'y a pas d'accompagnement.

Le smash

Tu réalises des smashes près ou loin du filet.

1 Tes épaules et tes jambes pivotent de gauche à droite (si tu es droitier) pour te placer de profil par rapport à la balle. Ton déplacement te permet de te placer sous la balle.

2 Ta main gauche pointe vers la balle. Ta raquette effectue une boucle et frappe haut la balle. Ici, c'est un smash en suspension sans transfert de poids vers l'avant.

3 Tu bascules ton poignet après la frappe.

Les enchaînements

Tu commences à enchaîner tes coups toujours à la recherche du coup gagnant.

● Le fond de court-volée

Le premier coup de fond de court doit mettre ton adversaire en difficulté, tu cherches à le déborder.

1 Tu frappes la balle tôt, dans sa phase montante, en t'engageant vers l'avant.

2 Tu montes au filet – attention à ta reprise d'appuis – et tu réalises ta volée en avançant.

3 Ne tente une volée décisive que sur une balle facile, sinon joue une volée préparatoire.

● Le service-volée

C'est un coup imparable sur surface rapide tel que le gazon.

Ton service est puissant et bien placé pour mettre ton adversaire en difficulté. Au lieu de te replacer et de reprendre ta position d'attention, tu poursuis ta course vers le filet où tu dois conclure.

● Le smash-volée

Si le smash n'est pas décisif, il peut cependant avoir mis ton adversaire en difficulté : tu es avancé dans le court, tu poursuis vers le filet et tu cherches une volée gagnante.

Le plus difficile est de bien récupérer tes appuis et d'appréhender la trajectoire de la balle en retour.

N'hésite pas à organiser ou à participer à des concours de :
- services
- volées
- smashes
- échanges
ou des matches en 10 points gagnants, en 3 jeux, en 1 set gagnant...

Ce que tu dois savoir

À l'issue des trois phases de l'apprentissage du tennis : le minitennis, l'initiation et le perfectionnement, te voici prêt à jouer le tennis des plus grands.

Tu maîtrises désormais les fondamentaux du tennis, les coups et quelques stratégies. Le coup droit et le revers sont devenus des gestes naturels ; le service, la volée et le smash ne t'inquiètent plus trop. Ce n'est toutefois qu'une première étape vers la compétition et, si tu es assidu et passionné, tu vas constamment progresser et devenir plus performant. Et qui sait si un jour tu ne franchiras pas la porte de Roland-Garros avec tes raquettes sous le bras.

Dès 9 ans, tu peux participer aux compétitions officielles.

Tu dois aussi bien vivre ton tennis

● **Dans le club :**
- Participer aux animations ;
- Jouer régulièrement en dehors des séances ;
- Soutenir tes copains dans les compétitions ;
- Apporter des idées nouvelles.

● **Avec les arbitres, tes camarades, tes partenaires et adversaires :**
- Être fair-play ;
- Ne pas contester les décisions de l'arbitre ;
- Ne pas tricher.

● **En compétition :**
- Savoir arbitrer, annoncer les fautes et le score ;
- S'imposer.

● **Avec le matériel :**
- Vérifier les installations : filet, piquets, lignes...
- Entretenir ta raquette, tes chaussures...
- Ne pas perdre de balles.

Que de chemin parcouru depuis le minitennis !

Remerciements au Tennis Club de Ver-sur-Mer, au Club des Chevaliers d'Houlgate, au Tennis Club de Douvres-la-Délivrande et au Tennis Club de Feuguerolles-Bully. À Yannick Lainé de la société Snauwaert pour le don de tenues et de matériel.

Coordination : Structure D.
Crédit photos : toutes les photographies sont de Grégory Wait.
Illustrations de Michel Diament.

Table des matières